LA BATAILLE
DE
FROESCHWILLER

D'après un article du Colonel du Génie LONSDALE HALE
de l'armée anglaise.

PAR

le Commandant H. de MISSY

(AVEC CROQUIS)

PARIS
LIBRAIRIE MILITAIRE DE L. BAUDOIN
ÉDITEUR
30, Rue et Passage Dauphine, 30

1898
Tous droits réservés.

LA BATAILLE
DE
FROESCHWILLER

D'après un article du Colonel du Génie LONSDALE HALE
de l'armée anglaise.

PAR

le Commandant H. de MISSY

(AVEC CROQUIS)

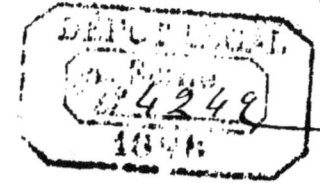

PARIS
LIBRAIRIE MILITAIRE DE L. BAUDOIN
ÉDITEUR
30, Rue et Passage Dauphine, 30
—
1898
Tous droits réservés.

LA BATAILLE
DE
FROESCHWILLER [1]

6 Août 1870

Sur le champ de bataille, et à quelque degré de la hiérarchie qu'ils soient placés, les soldats, chez toutes les nations, sont sujets aux erreurs et aux omissions ou négligent de remplir tous les devoirs qui leur incombent. Mais les succès, ainsi que les insuccès, forment une chaîne dont les anneaux sont étroitement liés entre eux et dont le premier est l'ordre initial, le dernier la victoire ou la défaite.

Si, à la suite d'une guerre, l'historien en entreprend le récit et ne parle que des incidents qui sont le résultat de l'accomplissement strict du devoir en omettant ceux qui sont la conséquence du devoir non accompli, son travail n'est plus de l'histoire ; ce qu'il écrit peut être vrai, mais non la vérité tout entière. Faisant abstraction des questions d'amour-propre, l'état-major allemand a publié une histoire réelle de la guerre de 1870-71. Il y raconte non seulement la bonne direction, mais aussi les commandements insuffisants de certains chefs allemands, ainsi que leur déso-

---

[1] Cette étude a paru dans la *Revue du Cercle militaire*, nos des 13, 20 et 27 août 1898.

béissance aux ordres donnés. S'il parle en termes vibrants des actes de bravoure accomplis par leurs troupes et de leur ténacité à se maintenir dans leurs positions contre des forces souvent supérieures en nombre, il dépeint en caractères ineffaçables les paniques honteuses et les retraites non justifiées de quelques autres. Mais ni le chef d'une armée qui a conduit une campagne heureuse, ni la nation à laquelle cette armée a assuré un accroissement de territoire, ne tiennent à rappeler l'insuffisance des hommes pris isolément qui ont risqué ou même sacrifié leur vie pour leur pays.

De là il résulte que, du côté du vainqueur, on tient rarement compte des erreurs d'aucune sorte. Ce n'est que lorsque la défaite ou le désastre s'ensuivent, que l'on recherche les responsabilités, afin que les reproches puissent être adressés à qui de droit et servir par suite d'exemples aux autres.

D'un autre côté, quand une armée a pris part à une guerre, c'est l'état-major qui, seul, peut rédiger un récit exact des faits qui s'y sont succédé; — car lui seul possède les documents nécessaires à cette compilation. Les personnes étrangères à l'armée qui en tentent l'essai établissent généralement leur récit sur des données peu certaines, alors que leurs critiques ou leurs observations sont le plus souvent entachées d'empirisme. D'un autre côté, quand l'état-major publie l'historique d'une campagne, il peut avoir des raisons plausibles pour la résumer dans un exposé de faits généraux présentés sans commentaires. Il ne paraît pas qu'il soit sage ni prudent de faire connaître à un ennemi vaincu, momentanément du moins, mais qui aspire à une revanche future, les côtés vulnérables de la cuirasse du vainqueur, passés, heureusement pour lui, inaperçus par son adversaire au moment critique. — Quand une armée qui a été victorieuse est appelée à entrer derechef en campagne contre son ancien ennemi ou contre un nouveau, les chefs de cette armée, qui ont commis des erreurs, n'inspireraient plus la même confiance dans l'issue d'une seconde campagne.

Si, en 1872, de Moltke avait fait connaître à l'Allemagne qu'il était responsable du sacrifice inutile de vies humaines par le fait d'avoir envoyé, sans utilité, le IIe corps à travers le ravin de Gravelotte dans la soirée du 18 août 1870, son prestige en eût souffert, et la confiance dans les dispositions ordonnées par lui dans une campagne ultérieure en eût été considérablement amoindrie. Mais ces inconvénients n'existaient plus vingt et un ans plus tard, quand, ayant déposé le harnais de la guerre et passé en d'autres mains la direction de l'armée, le vieux serviteur, qui avait cependant bien mérité de son pays, en fit l'aveu sincère. De même, ce n'est qu'en 1887, que l'état-major allemand, dans une critique sévère de la bataille de Noisseville, livrée le 31 août 1870, fit connaître le fait de l'abandon d'une position par deux compagnies d'un certain bataillon, leurs pertes n'ayant été que de cinq hommes blessés, dont un seul pour l'une d'elles.

Grâce à de nombreuses publications, la lumière s'est faite et bien des événements ont dévoilé des détails moins satisfaisants. La victoire, a écrit un auteur, transfigure les erreurs. Mais les erreurs, sur le champ de bataille, conduisent, sinon à la défaite, du moins à un sacrifice inutile de combattants.

Depuis 1870, les incidents de la campagne ont été étudiés dans tous leurs détails et ils peuvent aujourd'hui servir à la nouvelle génération d'officiers comme des enseignements à suivre ou des fautes à éviter.

Le major Hermann Kuntz, ancien officier dans l'armée allemande, a écrit un récit circonstancié et critique de la bataille livrée à Frœschwiller le 6 août 1870. Il y tient compte non seulement des difficultés qui président aux décisions prises au milieu du tumulte de la bataille, où le calme, si nécessaire au jugement, est troublé par le poids écrasant de la responsabilité de vies humaines, mais il dépeint aussi les facteurs mentals et moraux, à l'influence desquels étaient soumis les combattants pendant la lutte.

*
* *

Bien que la tactique dépende des armes en usage, il ne semble pas que les Allemands aient suffisamment étudié, entre les années 1866-1870, la question de savoir si la tactique employée avec succès contre les armes se chargeant par la bouche, dont étaient munis les Autrichiens, devait être modifiée en présence du chassepot, arme se chargeant par la culasse et à longue portée, que l'armée française venait d'adopter. Une autre erreur initiale est qu'ils avaient estimé beaucoup au-dessous de sa valeur la puissance combattante du soldat français; erreur qui eut pour conséquence une conduite irréfléchie, une hardiesse dont le résultat se traduisit par un sacrifice inutile et criminel de vies humaines.

Contrairement à l'opinion généralement admise, il y avait, du côté des Français, une plus grande discipline sur le champ de bataille que chez leurs adversaires. Les troupes françaises restaient généralement groupées dans la main de leurs officiers; les Allemands, au contraire, paraissaient vouloir se soustraire à la direction de leurs chefs immédiats. Dans maintes occasions, les Français se portèrent en ordre compact, sous un feu intense, pour repousser leurs assaillants; rarement il existait, du côté des Allemands, des unités constituées quand le besoin s'en faisait sentir.

Le fait que le désordre domine naturellement dans un corps qui s'avance à l'attaque, sous le feu de la défense, ne peut justifier l'extraordinaire confusion, le mélange des unités et l'absence de tout contrôle qui furent les traits caractéristiques de la manière de combattre des Allemands durant la journée du 6 août 1870. Pendant la guerre de 1866 et principalement en 1870-71, il y avait, parmi les chefs des rangs inférieurs, une intention manifeste d'agir indépendamment de leurs commandants directs et de combattre sous leur propre responsabilité. Tout le désir des capitaines était d'échapper au contrôle de leur chef de bataillon, bien qu'ils aient paru ignorer que leurs subordonnés étaient également décidés à les abandonner à leur tour, sous le moindre prétexte, et à entraîner leurs züge (1); alors que, dans chaque

---

(1) *Zug*, peloton à proprement parler; mais s'emploie aussi d'une façon générale pour désigner une troupe quelconque; au pluriel, *züge*.

zug, les chefs des petites unités cherchaient à agir d'après les principes similaires avec leurs escouades. Sur l'esprit de ces chefs inférieurs avait été imprimée l'importance de se porter constamment sur le flanc de l'adversaire et de s'assurer constamment l'avantage du terrain.

Un exemple frappant en est donné dans l'historique du 50ᵉ régiment, où il est raconté que, du bataillon qui fut envoyé au delà de la Sauerbach, la première compagnie, sous les ordres du capitaine von Burgsdorff, se détacha pour se porter à l'attaque des Français postés sur les hauteurs du Galgenberg. Son chef fut frappé de sept balles et la compagnie dut se retirer dans la vallée, après avoir subi d'énormes pertes.

Avec la disparition des officiers, la confusion ne tarda pas à se mettre dans les rangs; sans chefs, les unités se mélangèrent et ne formèrent plus qu'une masse confuse. Le capitaine Boguloski cite ce fait que, plus tard dans la journée, sur un point du champ de bataille, il n'y avait plus un seul officier pour prendre le commandement de la masse hétérogène des combattants.

Un adjudant se porta en avant de la cohue de soldats et s'écria : « A moi toutes les brides jaunes, je serai votre chef de compagnie ». Les hommes de trois régiments différents se formèrent indistinctement en trois *züge*, dont un fut commandé par un subalterne du régiment et les deux autres par des officiers inconnus appartenant à d'autres régiments.

Tout en voulant agir d'une manière indépendante, il manquait chez les officiers allemands de tous grades la possibilité d'envisager une bataille autrement que de leur point de vue personnel. L'officier subalterne se contentait d'être un bon chef de *zug* et ne s'inquiétait nullement de faire manœuvrer des troupes d'un effectif supérieur à celui d'une compagnie. Mais aucun officier ne peut commander effectivement une compagnie faisant partie d'un bataillon, à moins qu'il ne connaisse les principes sur lesquels manœuvre ce bataillon. Il en était de même dans les rangs élevés; des officiers généraux qui, tout entiers à l'entraînement du temps de paix des unités sous leurs ordres, avaient rétréci leurs vues en ce qui a trait à la conduite des troupes en temps de guerre et, par suite, la portée de leurs devoirs professionnels. Excellents chefs quand il s'agissait de faire manœuvrer leur brigade ou leur division sur le terrain d'exercice, ils ne savaient comment agir dans des circonstances imprévues, quand leur brigade ou leur division n'étaient que des unités parmi d'autres; car, à cette extension de leurs devoirs, ils n'avaient prêté que peu ou point d'attention.

En ce qui concerne l'armée française, plus on étudie en détail les différents épisodes qui se déroulèrent sur le champ de bataille, plus est grande l'admiration qu'on éprouve pour l'officier de troupe et le simple soldat, au point de vue de leur valeur combattante. Les hommes appartenant aux régiments de ligne, aux zouaves, aussi bien que les Arabes des régiments de turcos, déployèrent la valeur caractéristique de leur race et se maintinrent à hauteur de la brillante réputation qu'ils s'étaient acquise dans les guerres précédentes.

Un avantage que possédaient les régiments français sur ceux allemands, c'est que les premiers comprenaient trois fois plus d'officiers de carrière que ceux de leurs adversaires, qui comptaient dans leurs rangs beaucoup d'officiers de réserve. Mais ce fait ne peut expliquer seul l'opiniâtreté avec laquelle, bien que perdant la bataille, ils ne cédèrent le terrain que pied à pied, groupés dans la main de leurs chefs quand, lions aux abois, saisissant toutes les occasions pour passer de la défensive à l'offensive, ils se précipitèrent tête baissée sur leurs assaillants et les forcèrent, dans une fuite précipitée, à chercher un abri dans les vignobles et les bois.

Le pour cent des pertes en tués et blessés est un infaillible critérium de l'intensité d'une lutte. Dans les régiments français, ce pour cent variait entre 29 et 93,1. Ce dernier chiffre implique l'annihilation complète. Du côté des Allemands, les pour cent maxima ne dépassèrent guère 37,62.

Le major Kuntz, bien que proclamant la supériorité de l'armée allemande sur l'armée française au point de vue de l'application du service en campagne, fait remarquer que l'aptitude à se servir avantageusement du terrain paraît inhérente au caractère du soldat français, alors que le soldat allemand a beaucoup de peine à acquérir cette habitude. Sous le feu, la tendance de ce dernier paraissait être de vouloir se rapprocher de son voisin pour trouver force et mutuel appui, alors que le soldat français ne comptait que sur lui-même pour chercher un couvert efficace.

Quant au maréchal de Mac-Mahon qui commandait l'armée française, les appréciations du major

Kuntz, qui le considère comme un excellent chef, semblent le placer au-dessus de sa valeur réelle. En le jugeant au point de vue de la guerre de 1870, la capacité de Mac-Mahon semble être limitée à celle de commandant des troupes combattant sous sa direction immédiate. Là, il était admirable, cherchant à inspirer à ses soldats l'ardeur indomptable dont il était animé. Sa bravoure légendaire et son calme parfait y trouvèrent également d'amples occasions de se déployer. Mais l'existence même des troupes de son corps qui combattaient dans son voisinage immédiat, hors de sa vue, paraissait lui échapper; quant à leur emploi raisonné et aux renforts dont elles pouvaient avoir besoin, ces préoccupations semblent être restées, pour ainsi dire, sans attention de sa part. En dehors de sa préoccupation sur le champ de bataille, il ne songeait pas à l'opportunité d'appeler des réserves à portée de sa main, ni même d'indiquer une ligne de retraite éventuelle.

De la capacité du commandant en chef de l'armée allemande, il n'est pas nécessaire de parler, la bataille ayant été livrée par ses lieutenants, indépendamment de lui, de ses désirs, de ses ordres mêmes. Comment ses lieutenants prenant entre leurs mains la direction des troupes et assumant sous leur propre responsabilité l'initiative d'une bataille, avec quelle indifférence ils procédèrent au rôle qu'ils s'étaient attribué, et finalement comment, agissant en opposition directe avec les ordres de leur chef suprême, ils laissèrent s'écouler les débris de l'armée du maréchal de Mac-Mahon par la ligne de retraite qui devait leur être disputée, c'est ce que se propose de démontrer le récit suivant de la bataille livrée le 6 août 1870 :

*
* *

Pendant la journée du 5 août, celle qui suivit la défaite de la division Douai, à Wissembourg, le Prince royal, dans l'incertitude où il était de la direction à suivre pour découvrir l'emplacement occupé par l'armée du maréchal de Mac-Mahon, fit marcher la sienne, la troisième armée, forte de 125.000 hommes environ et de 480 canons, sur deux lignes, l'une face à l'Ouest, l'autre face au Sud. Le V° corps, sous les ordres du général von Kirchbach, fut dirigé sur Preuschdorf, à la jonction des lignes reliant entre elles les deux colonnes.

Les ordres donnés spécifiaient qu'il devait y bivouaquer en établissant son front face à Wœrth, village situé à 4 kilomètres à l'Ouest dans la vallée de la Sauerbach, avec des avant-postes dans la direction de Reichhsoffen qui se trouve dans une vallée parallèle, 6 kilomètres plus loin.

En conséquence, le général von Kirchbach donna l'ordre au général-major Walther von Montbarry, commandant la 20° brigade qui formait l'avant-garde composée des 37° et 50° régiments, de six pièces et de deux escadrons, de traverser la Sauerbach et de placer ses petits postes sur les hauteurs situées au delà.

Arrivé près de la Sauer, le général de Montbarry rencontra un officier de cavalerie qui, revenant d'une reconnaissance de ce côté, l'informa que la rivière n'était pas guéable pour des troupes en ordre compact; que non seulement le village de Wœrth où la route traverse la rivière, mais aussi les hauteurs environnantes, étaient occupés par d'importants détachements français des trois armes. Suivant les renseignements recueillis auprès des habitants, ces détachements appartenaient à certains régiments du corps du maréchal de Mac-Mahon, lesquels n'avaient pas pris part au combat de Wissembourg. Le général ne crut donc pas devoir tenter de forcer le passage et de chercher par suite à établir ses avant-postes sur les emplacements qui lui avaient été indiqués. Il fit savoir au quartier général du corps d'armée qu'il ne placerait provisoirement ses avant-postes que sur la rive gauche de la Sauer; mais que, dès le lendemain de grand matin, il prendrait ses dispositions pour se conformer aux ordres donnés, c'est-à-dire qu'il tenterait le passage de la rivière, afin d'établir les avant-postes sur les hauteurs en face.

C'est alors qu'apparaît sur la scène un personnage très remarquable, le colonel von der Esch, chef d'état-major du Ve corps, qui joua dans cette journée un rôle fort important.

Le général de Montbarry était occupé à placer ses avant-postes quand survint cet officier supérieur. Celui-ci fixa lui-même l'emplacement des petits postes, s'informa des arrangements et des intentions du général, approuva toutes les dispositions et, ajoute le major Kuntz, promit que dans le cas où l'avant-garde serait engagée dans un combat sérieux, il enverrait immédiatement en avant toute l'artillerie du corps.

Dans l'armée allemande, l'officier d'état-major

est le représentant de l'autorité dont est investi le général à l'état-major duquel il appartient; il doit s'identifier complètement avec son chef, de telle sorte que les ordres donnés par lui soient considérés comme émanant de la source même du commandement. Mais aucun officier d'état-major n'aurait osé prendre, de sa propre initiative et sous sa propre responsabilité, dans des circonstances ordinaires, un arrangement de cette nature, et à plus forte raison dans celles particulièrement graves où l'on se trouvait en ce moment.

Or, il arriva que le général von Kirchbach, ayant été blessé au combat de la veille, était resté avec ses troupes à Preuschdorf. Il est donc à présumer que son chef d'état-major se considérait momentanément investi du commandement effectif du Ve corps.

Deux compagnies du 37e furent placées à Guersdorf, le 2e bataillon du 50e et un escadron à Gunstett. Le reste de la brigade, savoir : quatre bataillons et demi avec les six pièces et l'autre escadron furent portés au centre, au petit village de Dieffenbach, situé à 2.400 mètres environ de la Sauerbach; les autres troupes, à portée, plus en arrière.

Les chefs des troupes, ainsi disposées, se trouvaient en communication, et par suite en mesure de se prêter un mutuel appui.

Durant l'après-midi, les différents corps étaient arrivés sur les positions qui leur avaient été assignées : Le IIe corps bavarois à Lembach, situé à 8 kilomètres au Nord; le corps wurtembergeois-badois de von Werder à Aschbach, à 14.500 mètres à l'Est de Preuschdorf. Le grand quartier général, le XIe corps de von Bose et la 4e division de cavalerie à Soultz, à mi-chemin entre les deux derniers villages ; enfin le Ier corps bavarois se trouvait placé à l'angle formé par ces deux lignes.

Le Prince royal, ayant découvert l'emplacement occupé par l'armée du maréchal de Mac-Mahon sur les hauteurs à l'Ouest de la Sauer, fit paraître un ordre général qui prescrivait aux Bavarois de Lembach et au Ve corps de se maintenir sur leurs positions pendant la journée du 6 août, durant laquelle le reste de l'armée devait se concentrer dans leur direction.

A partir de 9 heures du soir, le 5 août, la pluie tomba en abondance jusqu'au lendemain matin et la Sauer devint un torrent impétueux de 4 à 5 mètres de largeur, guéable pour l'infanterie en un ou deux endroits seulement, mais, en d'autres, assez profond pour couvrir un homme jusqu'à la poitrine.

Des trois ponts qui existaient à Wœrth, Spachbach et Gunstett, ce dernier, seul praticable, se trouvait entre les mains des Allemands.

Des deux côtés, on était sur le qui-vive, et les coups de fusil échangés par les avant-postes rompirent seuls le silence de la nuit.

Le général de Montbarry, attentif au moindre bruit qui lui parvenait de l'autre rive, monta à cheval vers 4 heures du matin, traversa le ruisseau au-dessus de son confluent, avec une branche occidentale, la Soultzbach, et acquit la conviction que les Français étaient sur le point d'abandonner leurs positions ou de les renforcer en vue d'une attaque imminente.

Pour s'assurer des intentions du maréchal de Mac-Mahon, dit le major Kuntz, le général se décida à tenter une attaque. A cet effet, il envoya vers 6 heures, au quartier général du corps d'armée, un message pour annoncer qu'il exécuterait une reconnaissance offensive une heure plus tard. Le porteur de la note étant revenu sans réponse, de Montbarry en conclut qu'il y avait entente complète entre lui et le quartier général. Il se mit donc en devoir d'attaquer le village de Wœrth, employant à cet effet un bataillon et la batterie d'avant-garde. Nous assistons ainsi au spectacle extraordinaire d'un brigadier et d'un chef d'état-major prenant, sous leur propre responsabilité, l'initiative d'un combat dont les conséquences pouvaient être considérables.

En effet, les reconnaissances offensives préludent le plus souvent à des attaques réelles, même à des batailles.

Dans les mémoires qu'il a laissés, le maréchal de Moltke, avec l'intention évidente de disculper de Montbarry, a écrit que c'était pour se rendre maître du passage de la rivière que le commandant des avant-postes exécuta le mouvement en question. Quoi qu'il en soit, vers 8 heures, un ordre sévère émanant du général von Kirchbach fut envoyé au général von Walther, lui prescrivant de cesser immédiatement le feu, lui rappelant que la mission des avant-postes n'était pas d'entreprendre une reconnaissance en force.

Bien que le combat, pour ainsi dire insignifiant, fût rompu par de Montbarry lui-même avant la réception de l'avis en question, il n'en est pas moins certain que cette offensive du général prussien, entreprise pour ainsi dire sans ordre, fut la cause directe de la sanglante bataille qui se développa quelques heures plus tard.

Il y a évidemment là un exemple frappant de l'abus de l'initiative qui, lorsqu'elle s'exerce sans réflexion sérieuse et sans nécessité, peut avoir des conséquences désastreuses en annihilant les plans et les combinaisons des autorités supérieures, et même en plaçant un chef d'armée à la merci d'un simple commandant de compagnie, occupé à mettre en pratique une petite stratégie pour son compte personnel.

Donc vers 8 heures et demie, von Walther, soit qu'il vit qu'il n'était pas soutenu, soit qu'il se fût assuré que les Français se maintenaient sur les hauteurs au delà de la Sauer, donna l'ordre de rompre le combat et fit porter ses troupes en arrière, sauf quelques hommes qui occupèrent le cimetière.

Il est possible que, depuis une demi-heure, le bruit de la canonnade qui s'entendait dans la vallée en face de Gunstett lui fût parvenu, mais il ne semble pas y avoir prêté une très grande attention. Cependant au moment où il se retirait, un feu de mousqueterie et d'artillerie d'une grande intensité éclata dans la direction du Nord, au delà de la crête des collines couvertes de bois dont les pentes descendent jusque sur les rives du petit affluent la Soultzbach.

Le général de Montbarry ne se douta guère que les quelques coups de fusil échangés avec les Français, du côté de Wœrth, étaient un signal convenu entre le prince royal et le général von Hartmann, commandant le II⁰ corps bavarois, pour envoyer une division de ce corps sur la gauche de la position française. Cependant il en était ainsi. En effet, dans l'éventualité d'une attaque possible des Français contre le V⁰ corps, le commandant de la III⁰ armée avait donné, le 5 août, des instructions à von Hartmann, lui prescrivant de s'éclairer non seulement vers l'Ouest, son front primitif, mais aussi vers le Sud où se trouvait le V⁰ corps; et, dans le cas où il entendrait la canonnade dans cette direction, d'envoyer immédiatement une division de son corps pour attaquer la gauche française. Mais ce qu'il y a de plus extraordinaire, c'est que l'état-major allemand omit de communiquer cet ordre aux chefs des V⁰ et XI⁰ corps, de telle sorte qu'ils ignoraient que la moindre fusillade, qu'une simple escarmouche entreprise pour leur compte personnel serait le signal d'une attaque effective par une autre portion de leur armée. Le II⁰ corps bavarois, éloigné d'eux et caché à leur vue, devait en effet, d'après les ordres donnés, rester en station à 8 kilomètres de là, alors qu'en fait, il s'était considérablement rapproché. L'erreur commise par von Walther paraît insignifiante comparativement à la terrible bévue de l'état-major général allemand dans la première bataille réelle de la guerre.

Cependant l'état-major allemand jouissait alors d'une grande réputation. Il paraît avoir été admis, par tous, comme un article de foi, qu'il avait presque atteint à la perfection, sous l'habile direction de von Moltke; mais on semble oublier que les officiers d'état-major de l'armée allemande sont, comme les officiers de toutes les armées, des êtres faillibles, sujets aux erreurs ainsi qu'à des omissions accidentelles ou passagères de leurs devoirs.

* * *

Dès la première heure, en effet, la division du général Hartmann, attirée par le bruit de la canonnade dans l'action de von Walther, entra dans la vallée de la Soultzbach et traversa le village de Langensoultzbach, d'où la tête de la division déboucha vers 8 heures 1/2. Ce mouvement avait été sans doute remarqué par les Français, car un feu intense provenant des pentes boisées de la colline s'ouvrit sur les Bavarois, dès qu'ils émergèrent du village et une grêle de balles, auxquelles se mêlèrent les projectiles des mitrailleuses, accueillit la tête de colonne allemande; obliquant à droite, ils furent obligés de chercher refuge dans les bois à proximité, en attendant un nouveau mouvement en avant. La partie Sud du bois borde une prairie d'une largeur variant entre 150 et 500 mètres, qui se trouvait directement en face de la position française. L'artillerie bavaroise n'avait pu préparer cette attaque, les positions favorables à la mise en batterie se trouvant à une distance trop grande de l'artillerie adverse pour produire un effet efficace.

En attendant, le mouvement en avant continua avec une négligence complète de toute précaution, et en ne tenant aucun compte des principes établis pour la préparation en vue du combat. Ainsi, de la nécessité de former une avant-garde pour tâter l'ennemi et reconnaître sa position, il ne fut pas question ; de reconnaissances, il n'y en eut pas davantage. Aucun plan d'attaque ne semble avoir été préparé par le commandant des troupes, aucun rassemblement préalable ne fut exécuté à l'abri des couverts, ni aucune direction donnée aux unités pour les diriger sur les objectifs qui leur étaient assignés. Les quatre bataillons et demi qui formaient la colonne d'attaque se précipitèrent donc vers les bois, les traversèrent en désordre et, arrivés à la lisière Sud, ces 2.800 hommes se trouvèrent placés sur une ligne d'une étendue de 1.250 mètres, sans aucune réserve pour ainsi dire derrière eux.

Cette poignée d'hommes, armés d'un fusil d'une portée inférieure et sans l'appui de l'artillerie, se heurta à 9 heures et demie à une force deux fois supérieure en nombre sous couvert, se servant efficacement du chassepot et appuyée par de l'artillerie.

Ici, nous les laisserons pour le moment et nous nous transporterons à l'extrémité Sud de la vallée où une autre phase de mauvaise direction avait eu lieu.

D'après l'ordre général de la IIIe armée en date du 5, le XIe corps opérant une conversion à droite devait se porter à une certaine distance en avant de Soultz, pour y prendre une position d'attente face à l'Ouest. Pour se conformer à cet ordre, le général von Bose mit son corps d'armée en marche dès le matin du 6. A 7 heures, au moment même où von Walther prononçait l'attaque de Wœrth, l'avant-garde, composée de six bataillons de la 41e brigade, émergea de la lisière occidentale du bois qui se trouvait entre le bivouac de la portion principale du corps et la Sauerbach. A 1.600 mètres en face, près du ruisseau, est situé le village de Gunstett, dont le pont était intact, et non loin de là le Bruch-Muhl. Tous deux avaient été occupés la nuit précédente par un des bataillons de la brigade de Montbarry.

A une distance de 3.500 mètres au delà des prairies s'élèvent les hauteurs d'Albrechtshauserhof et plus loin, sur le plateau, on pouvait apercevoir le campement d'une force de 7.000 hommes environ qui composait la division du général de Lartigue. Plus à droite, sur l'autre rive de la Sauerbach se trouve la forêt du Niederwald. Mais une vue complète de la vallée ne pouvait être obtenue que de la colline, au Nord de Gunstett. Pendant l'heure qui suivit, le reste de la brigade se déploya en avant du bois, et une ligne d'avant-postes fut établie à peu de distance de la rive gauche du ruisseau.

La fusillade entamée par de Montbarry ne paraît avoir exercé aucune influence sur cette avantgarde. A 8 heures cependant, une batterie française ouvrit le feu sur le moulin et le village; et un bataillon avec des soutiens se porta à l'attaque.

Le général commandant la division, qui se trouvait sur le terrain, envoya immédiatement un bataillon pour soutenir celui qui était déjà dans le village.

La marche en avant des Français paraissant indiquer la possibilité d'une attaque sur les positions allemandes, la brigade fut de suite partagée en trois portions : dix compagnies furent envoyées à Spachbach situé à 1.600 mètres au delà de la hauteur à droite et dont le pont avait été détruit; quatre autres compagnies avec douze pièces furent gardées en réserve ; enfin les dix compagnies qui restaient furent dirigées sur Gunstett. Le cas paraissait urgent, car les compagnies, envoyées en avant, étaient celles les plus à proximité. Un bataillon de tirailleurs, appartenant à une brigade qui se trouvait en arrière, avait été également envoyé à Gunstett. Ici encore, la précipitation présida à tous les mouvements.

La présence à Gunstett d'un bataillon à l'aile gauche du Ve corps indiquait cependant suffisamment que Spachbach était incorporé dans la ligne d'avant-postes de ce dernier corps.

Un peu de réflexion aurait dû faire comprendre au commandant de la division, qu'avant de prendre la détermination d'envoyer des troupes sous ses ordres à 4.600 mètres de distance, il devait s'assurer que ces troupes y étaient réellement nécessaires. Il en résulta que les commandements non seulement des brigades, mais aussi des régiments et même des bataillons, furent confondus sans nécessité avant même qu'un seul coup de fusil eût été tiré du côté des Allemands. Il y avait, en effet, à ce moment à Gunstett, 18 compagnies de deux corps d'armée, de deux divisions, de trois brigades, de quatre régiments, de cinq bataillons.

A 9 heures, 24 pièces furent mises en batterie et ouvrirent le feu sur les positions françaises ; après quelques fluctuations et une très mauvaise direction, le combat finit par dégénérer en une insignifiante fusillade qui dura deux heures environ.

C'est surtout à Spachbach que la désagrégation du commandement fut fatale dans ses résultats.

En ce dernier village, se trouvaient réunis, vers 9 heures, un bataillon d'un régiment, la moitié d'un autre bataillon du même régiment, enfin un bataillon d'un autre régiment, en tout dix compagnies. Quelle bonne occasion, pour l'officier à qui le commandement allait être dévolu, d'acquérir des titres à la croix de fer si ardemment convoitée, en assumant l'initiative d'un mouvement en avant ! En face s'étendait l'épaisse forêt du Niederwald. Pourquoi ne pas tenter de vive force le passage de la rivière, et chercher à pénétrer au cœur de la position ennemie avec l'espoir d'être soutenu en arrière ? Mais le pont n'existe plus ; on s'en passe. Une voiture est placée en travers du cours d'eau, des volets sont arrachés des maisons voisines et assujettis au moyen de perches à houblon ; on improvise ainsi une sorte de passerelle sur laquelle les hommes franchissent tant bien que mal la rivière, plusieurs d'entre eux y tombant et s'y noyant. Bientôt cinq compagnies, dont trois d'un bataillon et les deux d'un demi-bataillon se portent sur l'autre rive. A 9 h. 1/2, ces cinq compagnies, sous le commandement d'un officier qui se réjouit sans doute de son émancipation du temps de paix, disparaissent dans le Niederwald, après avoir laissé au bord de l'eau une des compagnies afin de couvrir une retraite éventuelle.

Sur la même rive, se rassemblent peu à peu les cinq autres compagnies, et ici à 9 h. 1/2 nous les laisserons pour le moment.

Ces dix compagnies ne tarderont pas à payer chèrement la témérité de leurs chefs. Et maintenant nous allons revenir au général von Walther, que nous avons laissé à 8 h. 1/2 sous l'impression du blâme écrit que lui avait infligé le commandant du XIe corps.

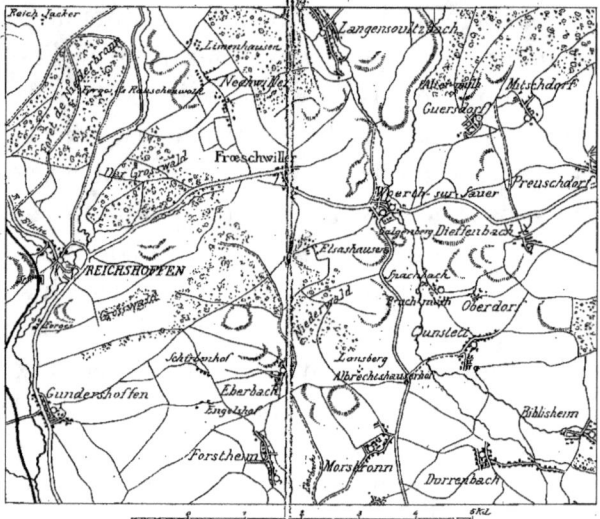

***

Il ignorait que l'engagement évidemment sérieux, se développant au delà de la colline située au Nord, était la conséquence de la reconnaissance offensive, tentée imprudemment le matin ; mais il savait que les Bavarois y étaient fortement engagés, car, pendant qu'il livrait son petit combat, il avait rencontré une patrouille d'officiers du corps bavarois, qui l'avait mis au courant de la situation. Au reçu de l'ordre de son chef d'avoir à rompre le combat, von Walther envoya son adjudant, le lieutenant Lauterbach, au général von Hartmann pour l'informer du fait et le prévenir, en même temps, qu'il ne lui était plus possible de le soutenir.

Ce message a dû certainement exercer, en ce moment, une influence sur les décisions du général commandant le II⁰ corps bavarois.

Cependant, bien que le supérieur immédiat de von Walther, le général von Schmidt, commandant la division, soit à proximité à Dieffenbach, et le commandant du corps d'armée à Preuschdorf, ce simple brigadier ne s'en préoccupe nullement et prend sur lui de communiquer directement avec le chef d'un autre corps d'armée aux prises avec l'ennemi à 3^{km},200 de là. C'est vouloir se soustraire à l'autorité de ses chefs et assumer un rôle avec l'arrière-pensée évidente de se venger de la rebuffade du matin.

Bien mieux, l'engagement des Bavarois lui paraissant sérieux par suite de l'intensité de la fusillade, voici que, malgré l'ordre contraire, il prend de nouveau l'initiative de recommencer la lutte. Les six pièces sont mises en batterie et placées de façon à prendre en flanc et en queue les troupes françaises qui occupent le bois en face des Bavarois. Sur ces entrefaites, le colonel von der Esch arrive sur le terrain. Il s'informe auprès de von Walther s'il n'a pas reçu l'ordre de cesser le combat; celui-ci lui répond affirmativement et lui explique les raisons qui motivent sa conduite.

Le colonel von der Esch examine la situation. Pour une raison ou une autre ignorée de lui comme elle l'était également du brigadier, un combat a été engagé sur la droite ; pour une autre raison, qui lui est également inconnue, il voit un bataillon pénétrer dans le Niederwald sur la gauche. Dans cette direction, un autre combat a été entamé ; car environ 30 pièces ont commencé le feu du côté des Français sur les batteries prussiennes en position sur la colline de Gunstett. Il y a des ordres péremptoires contre une bataille ce jour-là ; mais, à moins que les Français ne soient maintenus énergiquement au centre, il est à craindre qu'ils ne se portent avec des forces supérieures sur l'un ou les deux corps des ailes.

Arrive le général von Schmidt, commandant la division. Un conseil rapide a lieu. Le commandant du corps d'armée est à Preuschdorf, mais il n'est pas nécessaire de le consulter, et l'ordre est donné d'amener toute l'artillerie du corps et de la placer en batterie contre les positions françaises sur le versant opposé de la vallée.

Il s'écoule un certain laps de temps avant que l'ordre ait pu être mis à exécution, car, persuadés que la journée du 6 était un jour de repos pour l'armée, beaucoup de soldats sont occupés à nettoyer et à faire sécher les harnais ; ce n'est qu'à 10 h. 30 m. que l'artillerie entame le combat. A ce moment, 108 pièces allemandes ouvrent le feu et ne tardent pas à réduire au silence les 48 pièces françaises qui essaient en vain de soutenir cette lutte inégale.

Il n'y a aucun doute que le colonel von der Esch n'ait pris là une sage détermination, d'autant plus qu'un combat d'artillerie peut, à tout moment, être suspendu, surtout quand il existe une rivière entre les partis en présence.

Un fait remarquable, qui mérite d'être signalé est le suivant : bien que le feu eût commencé à 7 heures du matin, à partir de ce moment jusqu'à 10 h. 30 m., il n'est venu à l'idée d'aucun des officiers d'état-major des trois corps d'armée de se renseigner, auprès de ceux des corps voisins, de ce qui se passait sur leur front. Aucun officier ne fut envoyé du corps bavarois au XIe corps, pour demander des explications au sujet de l'escarmouche de Wœrth. L'état-major du Ve corps ne chercha pas non plus à demander aux chefs des deux autres corps quel était leur objectif ou leurs intentions. Quant au prince royal, commandant la IIIe armée, aucun des trois chefs de corps ne se mit en communication avec lui. L'indépendance poussée à cette limite réduit le haut commandement à une nullité complète.

*
* *

Au moment où le feu de l'artillerie atteint son maximum d'intensité, le général von Kirchbach arrive enfin sur le terrain. La ligne de conduite à tenir, en concordance avec la situation militaire et en conformité des règles de la discipline ordinaire, eût été de maintenir les Français au centre par un feu continu de l'artillerie seulement, de rendre compte au prince royal, à Soultz, des dispositions prises et d'attendre ses ordres.

D'une façon ou d'une autre, le combat s'était développé aux deux ailes, contrairement, ainsi que le général von Kirchbach en était convaincu, aux intentions de son chef immédiat. En mettant en ligne toute son artillerie, il faisait le nécessaire pour parer au désastre qui pouvait survenir aux corps placés aux ailes, et, en agissant ainsi, il ne contrevenait aucunement aux instructions qu'il avait reçues.

Mais voici qu'à 10 h. 30 m., il prend une détermination qui, sans être d'une nécessité absolue au point de vue tactique, n'était, en somme, qu'une complète désobéissance aux ordres donnés. Il se décide à envoyer son infanterie au delà de la rivière pour occuper Wœrth et les hauteurs voisines. C'était assumer une lourde responsabilité, car il est reconnu que le retrait d'une troupe d'infanterie d'un combat où elle est engagée, outre la difficulté d'exécution, est un indice certain d'insuccès.

L'armée du Prince Royal se trouve donc engagée dans une bataille par le décret d'un subordonné, insubordonné serait un mot plus applicable à la situation. Von Kirchbach se met en même temps en communication avec les commandants du II⁰ corps bavarois et du XI⁰ corps, leur fait connaître ses intentions en sollicitant leur coopération ; puis il rend compte des événements au chef de la III⁰ armée. Mais c'est ici que les choses se compliquent. A Gunstett, le général von Bose n'avait aucun désir d'agir contrairement aux ordres donnés, lesquels fixaient la Sauerbach comme limite de sa marche en avant. Il répondit dans ce sens à son collègue. Quelques compagnies du XI⁰ corps avaient, comme il a été dit plus haut, traversé la rivière et s'étaient aventurées dans le Niederwald. Si von Bose en avait connaissance, il montra une grande force de caractère en laissant à ces détachements la responsabilité de l'attaque qu'ils avaient prononcée de leur propre initiative, plutôt que de se livrer à un acte similaire, en permettant à ses troupes de prendre part à la lutte.

Avec un corps d'armée de 20.000 baïonnettes à sa disposition, il pouvait s'opposer, en toute sécurité, à un mouvement offensif de la division de Lartigue qui se trouvait en face de lui. Mais quand sa réponse négative parvint à von Kirchbach, celui-ci, poussé par une précipitation inexplicable, avait déjà prononcé son mouvement en avant. Une nouvelle requête, envoyée au XIe corps, eut le résultat que nous raconterons plus loin.

Ce n'est qu'à 11 heures et demie que la demande de secours du commandant du Ve corps parvint à von Hartmann, à l'aile droite. Mais, pendant les deux dernières heures, s'était déroulé un drame qui, avec un peu plus d'initiative de la part des Français, aurait pu être transformé en une sanglante tragédie. A partir de 9 h. 30 m., les Bavarois avaient peu à peu renforcé leur ligne de combat en portant à 7.250 hommes le chiffre des combattants disposés sur une ligne d'une étendue de 3 kilomètres, avec un intervalle de 375 mètres dans sa partie Est ; de leur côté, les Français avaient porté le nombre des défenseurs à 6.300 hommes avec deux bataillons en réserve. Dans ces conditions, tout mouvement en avant des Bavarois était hors de question ; la direction, par un seul chef, de cette ligne trop étendue devenait en outre complètement impossible. Telle était la situation, quand, d'après le récit de l'état-major allemand, un officier d'ordonnance vint apporter à von Hartmann l'ordre verbal de cesser immédiatement le combat.

A 8 heures et demie, heure à laquelle l'ordre avait été expédié, il n'y avait eu que quelques escarmouches sur le front des troupes, sauf du côté des Français, qui se trouvaient sur les collines faisant face aux positions occupées par le corps bavarois.

Mais au moment où ce message parvenait à von Hartmann, le combat s'était considérablement développé; l'intensité du feu avait atteint son point culminant par la mise en batterie de 150 pièces de canon sur les hauteurs voisines. Considérant l'ordre comme impératif, le commandant du II° corps bavarois prit ses dispositions pour retirer ses troupes de la lutte. Il ne lui vint pas à l'idée de continuer un combat traînant et d'envoyer un officier de son état-major au chef du V° corps pour se renseigner sur ce qui se passait de ce côté.

Quel a été l'officier porteur de l'ordre au général von Hartmann et par qui fut-il envoyé? C'est resté un mystère pour tous. Le major von Hahnke, le plus ancien officier d'état-major attaché au quartier général de la III° armée, écrivit en 1873 : « Par quel officier prussien et sous quelle responsabilité cet ordre a-t-il été donné, cela n'a jamais été établi. » Il y a quelques années, le colonel Lonsdale Hale chercha à se renseigner, à ce sujet, auprès du général von Blumenthal, le chef d'état-major de la III° armée, et du général von Kirchbach, commandant le V° corps, mais le mystère n'a jamais été éclairci.

Le major Kuntz paraît avoir comblé cette lacune

en attribuant au lieutenant Lauterbach, officier d'ordonnance du général von Walther, le message en question. En admettant ce cas, la communication reçue par von Hartmann ne devait pas être considérée comme un ordre ; ce n'était en effet que le compte rendu d'un ordre donné par un chef à son propre corps d'armée. D'un autre côté, en admettant même l'hypothèse d'un ordre émanant directement du prince royal, von Hartmann ne devait pas s'y conformer strictement. En réfléchissant, il aurait dû se dire que les changements survenus depuis l'envoi de l'ordre le rendaient inapplicable dans la situation nouvelle. Le major Kuntz, en racontant cet épisode de la bataille, fait la réflexion suivante : « Après la victoire le manteau de la charité chrétienne a été jeté sur ces soi-disant malentendus et sur d'autres actes plus répréhensibles encore. Ceci est une preuve nouvelle de la magnanimité du prince royal à l'égard de ses subordonnés immédiats ».

Lentement et en désordre s'exécuta le mouvement de retraite du corps bavarois, dont les troupes étaient tellement désunies que tout ralliement en fut complètement impossible, à ce point que lorsque, vers 11 h. 1/2, von Hartmann promit de renouveler l'attaque, son corps d'armée fut pratiquement hors d'état et ne prit plus, pour ainsi dire, part aux péripéties de la bataille. Il ne servit qu'à maintenir la division Ducrot sur ses positions. Plus tard dans la journée, ce dernier put même envoyer une partie de ses troupes au secours du général Raoult. Il ne resta bientôt plus que le 1ᵉʳ zouaves pour tenir en respect le IIᵉ corps bavarois tout entier.

La conduite des Bavarois pendant cette bataille, l'insuffisance de leur valeur combattante, ont donné lieu à bien des commentaires. On a prétendu qu'ils avaient montré là une preuve d'indifférence ou d'antagonisme à la cause allemande. Mais la guerre avec la France était plutôt le cri du peuple que celui des gouvernants. Cependant si un corps d'armée, dont le pour cent maximum de pertes ne dépasse pas 11,5, ne peut plus être rallié pour renouveler une attaque, il ne peut pas être considéré comme ayant fait son devoir sur le champ de bataille. Nous ne pouvons attribuer l'insuccès des Bavarois qu'à ce fait, qu'ils avaient été mal entraînés en temps de paix ; qu'en outre, le service obligatoire n'ayant été adopté en Bavière qu'en 1867, les hommes de la réserve se trouvaient être d'une qualité inférieure à ceux des corps prussiens.

* *

Nous allons maintenant revenir au centre des positions allemandes où, à 10 h. 30 m., von Kirchbach, resté sans appui par suite de la retraite des Bavarois sur sa droite et au moment d'être abandonné sur sa gauche, avait envoyé son infanterie en avant. Les hauteurs, dont le général commandant le Ve corps avait le projet de s'emparer, s'élèvent au delà d'une prairie d'une largeur de 800 mètres environ, traversée par la Sauerbach. Le village de Wœrth, inoccupé par les Français, est situé en partie sur la rivière même. De la chaussée Wœrth-Haguenau, qui limite la prairie à l'Ouest, s'élèvent des collines dont l'altitude varie entre 200 et 300 pas. Sur le plateau se trouvent les villages de Frœschwiller et d'Elsasshausen. A droite et à gauche, une série de collines et de vallons couverts de vignes et de houblonnières, en rend l'accès extrêmement difficile. Wœrth à gauche et la hauteur du Galgenberg situé à 1.600 mètres au Sud, presque en face de Spachbach, paraissent devoir être les premiers objectifs des troupes traversant le ruisseau en ces deux points. La forêt du Niederwald s'étend à gauche au delà de la sphère d'opérations du Ve corps.

Sur le plateau était concentrée en force la plus grande partie des troupes du maréchal de Mac-Mahon.

A peine von Kirchbach avait-il prononcé son attaque, qu'il recevait l'ordre péremptoire du prince Royal de cesser le combat. Mais de tels ordres pendant la journée du 6 août étaient jetés au vent; de plus, cesser le combat en ce moment était chose impossible. Le général von Kirchbach avait à sa disposition, outre les 84 pièces déjà en action, environ 21.000 baïonnettes. De cette masse de combattants furent envoyées, à Wœrth, à 10 heures et demie, contre les positions que nous venons de décrire et à une destruction presque certaine : neuf compagnies, soit 1.800 hommes du 37e régiment ; par Spachbach : huit compagnies seulement, en tout 1.600 hommes du 50e. Il y avait la Sauer à traverser, mais aucune préparation n'avait été faite pour cela, et cette éventualité ne semble pas avoir préoccupé le cerveau du soi-disant brillant état-major allemand.

Des 1.370 hommes manquant après la bataille, 777 appartenaient aux troupes qui traversèrent la rivière en ces deux points, dont 214 à celles qui furent portées en avant en ce moment même.

La Sauerbach, débordée par suite de la pluie torrentielle de la nuit précédente, était devenue un torrent impétueux, et fit une ample moisson d'hommes, grâce aux mesures mal prises.

Ce n'est qu'après avoir essuyé un feu intense, et dans une grande confusion, que ces deux poignées d'hommes parvinrent à la rive opposée et purent se porter à l'attaque des positions qui leur avaient été assignées.

Bientôt toute cohésion tactique disparut, et les différentes unités, dans un mélange inextricable, combattirent sur une ligne de plus de 1.200 mètres d'étendue, dirigeant leurs efforts principalement à travers le village et dans des attaques isolées contre les hauteurs occupées par les Français. Pendant une heure, ces troupes restèrent sans soutiens, appuyées cependant par le feu de l'artillerie, et faisant des efforts acharnés pour gagner du terrain et même pour se maintenir sur leurs positions, contre des forces supérieures en nombre.

C'est alors que, vers 11 heures et demie, survint sur leur gauche une catastrophe qui rendit leur position à peu près désespérée. Pendant deux heures, les cinq compagnies du XIe corps avaient été engagées dans le Niederwald contre une force, d'abord inférieure, de zouaves, mais ces derniers ayant été renforcés, les 900 Allemands se trouvèrent en présence de 1.300 hommes déterminés à s'opposer à tout mouvement en avant. Peu à peu, ils furent repoussés jusqu'à la lisière par laquelle ils avaient pénétré; quant aux cinq autres compagnies elles étaient restées sur la rive de la Sauerbach, sans même tenter un effort pour venir en aide à la ligne des combattants. Bientôt ceux du bois battirent en retraite en désordre et se mélangeant avec le soutien, ces dix compagnies, sauf quelques hommes, se dérobèrent et, dans une panique indescriptible, les 2.200 Prussiens, qui les composaient, ne cessèrent leur course précipitée qu'après avoir mis la rivière entre eux et les zouaves triomphants.

Le capitaine Boguloski, du 50ᵉ régiment, s'était jeté dans un coin du Niederwald avec la portion de sa compagnie qu'il avait pu maintenir sous son commandement immédiat. C'est sans doute pour cela que les vainqueurs ne poursuivirent pas leur course, et ne se portèrent pas contre les nouveaux arrivants du XIᵉ corps.

A 11 h. 30 m. le général von Kirchbach envoya à Wœrth un renfort de 1.600 hommes, mais cette troupe fit peu d'impression sur les forces supérieures qui leur étaient opposées. L'attaque s'effectua pour ainsi dire sans préparation ; aucune succession d'efforts ne fut tentée pour repousser les Français des positions qu'ils occupaient. Une heure plus tard, cependant, un nouveau renfort de 800 hommes fut envoyé au secours des assaillants, mais ce n'est qu'à 1 heure que le commandant du Vᵉ corps se décida à une attaque réelle et en force. L'arrivée du Iᵉʳ corps bavarois, sur sa droite, semble l'avoir relevé de la nécessité de garder des troupes en réserve. Aussi, à partir de ce moment, mais très lentement, le Vᵉ corps gagna progressivement du terrain, malgré les contre-attaques brillantes exécutées par les régiments de la division Raoult, qui les repoussèrent momentanément et les forcèrent à redescendre les pentes des collines.

A 2 heures et demie, les Prussiens atteignent la crête du plateau après une heure d'un combat acharné, et les secours tant sollicités leur arrivent enfin par l'apparition des troupes du XI⁰ corps sur la lisière Nord du Niederwald qui limite le plateau dans sa partie Sud. Mais avant de raconter les mouvements relatifs à ce dernier corps, voyons ce qui se passe au quartier général de cette armée de lieutenants indépendants. Le Prince Royal, qui ne voulait pas livrer bataille ce jour-là, avait expédié ordre sur ordre pour faire cesser le combat engagé à son insu. La canonnade continuant à se faire entendre, il se décida enfin à se rendre sur le champ de bataille, où il arriva vers 1 heure et assuma personnellement, raconte l'état-major allemand, la direction de la bataille.

Le plan du Prince Royal, plan parfaitement logique, consistait à retarder l'attaque de front par le V⁰ corps jusqu'à ce que la droite de la position française eût été tournée par le XI⁰, qui arrivait en ce moment en ligne ; mais ce mouvement ne pouvait être exécuté, parce que von Kirchbach avait déjà engagé tout son corps d'armée dans l'attaque de front de la position française.

La division wurtembergeoise, qui s'approchait à gauche et n'avait pas encore pris part à l'action, venait d'arriver à Gunstett. A cette division fut envoyé l'ordre de marcher sur les derrières de la position des Français et de se diriger sur Reichshoffen par Morsbronn et Eberbach, leur seule ligne de retraite. En attendant, le Prince Royal ne pouvait rester que spectateur impassible d'une bataille dont, jusqu'alors, la direction lui avait complètement échappé.

Le mouvement tournant exécuté par le XI⁰ corps commença vers 11 h. 30 m., au reçu des demandes réitérées de secours que lui avait adressées von Kirchbach.

***

A ce moment, le général von Bose, ayant disposé ses forces en trois colonnes, les dirigea à droite pour les porter sur le flanc des Français. La colonne de droite, forte de 4.480 hommes, traversa la Sauer à Spachbach et prit possession, sans trop de difficultés, de la partie orientale du Niederwald. La colonne de gauche, qui comptait 5.630 hommes, se porta sur le plateau en passant par Durrenbach et Morsbronn ; mais, en débouchant de ce dernier village, elle fut chargée par l'héroïque brigade Michel (1) sur un terrain complètement défavorable à la cavalerie. Malgré cet arrêt, elle atteignit la partie occidentale du Niederwald. La colonne du centre, composée de 7.000 hommes environ, traversant la Sauer à Gunstett, pour se diriger sur les hauteurs d'Albrechtshauser, rencontra seule une résistance réelle, mais elle fut des plus tenaces. C'est ici que les débris de la division de Lartigue, dont l'effectif ne dépassait guère 4.000 hommes, laissée entièrement isolée et à laquelle Mac-Mahon avait refusé tout secours, tenta de s'opposer au mouvement tournant. Repoussée lentement, mais profitant de tous les moments favorables pour prononcer une contre-

---

(1) 8⁰ et 9⁰ cuirassiers.

attaque, cette poignée de héros combattit jusqu'à la limite extrême des forces humaines, jusqu'au moment où, avec des pertes variant, dans les différents régiments, entre 29 et 77,5 pour cent, elle fut forcée de céder le terrain et de pénétrer dans le bois dont elle défendit la lisière longtemps encore. Finalement ce qui restait de la division de Lartigue disparut complètement du champ de bataille.

Enfin arriva l'acte final de désobéissance. Le général von Obernitz commandant la division wurtembergeoise avait reçu l'ordre, dont nous avons parlé plus haut, de marcher sur Reichshoffen pour couper la retraite au corps du maréchal de Mac-Mahon. Mais, alors qu'il conduisait sa division à travers la vallée, des officiers prussiens, arrivant du plateau où la bataille avait atteint son maximum d'intensité, vinrent lui dire que des secours y étaient impérieusement demandés et l'exhortèrent à venir à leur aide.

Or, bien que le soin de décider si des réserves sont nécessaires sur un point quelconque du champ de bataille doive être laissé à l'appréciation et à l'initiative du commandant en chef seul, le général von Obernitz se permit de juger par lui-même, et, malgré les instructions qui lui avaient été données, il dirigea ses troupes vers le plateau.

Pendant deux heures encore, les masses confuses et mélangées des Allemands furent tenues à distance de Frœschwiller par la bravoure admirable et l'intrépidité de leurs adversaires.

Mais bientôt arriva le moment où les efforts des troupes du Ve corps devaient être couronnés de succès, l'heure de la revanche allait sonner pour ceux qui avaient à venger 5.000 des leurs tués et blessés, dont près de 4.000 appartenant aux 37e, 50e, 6e et 46e régiments qui, les premiers, avaient effectué le passage de la rivière.

Pendant qu'ils cherchaient à se maintenir dans les vignes et les houblonnières, le mouvement convergent de l'armée du Prince Royal allait étreindre, en les enveloppant, les débris du corps du maréchal de Mac-Mahon (1). Alors, les Français attaqués au Nord, au Sud et à l'Est, durent enfin abandonner les hauteurs si longtemps et si noblement défendues. Couverts par une faible arrière-garde, ils se retirèrent par Reichshoffen hors de la portée et du contact de leurs adversaires, par la ligne de retraite que leur avait si généreusement laissée la désobéissance du lieutenant indépendant von Obernitz.

Les Allemands ne remportèrent la victoire que grâce à leur immense supériorité numérique; à l'appui donné à leur infanterie par une artillerie formidable, composée de pièces d'une portée et d'une précision supérieures à celles des Français; à une connaissance technique plus complète de cette arme et à son emploi tactique plus judicieux. Mais, ajoute le colonel Lonsdale Hale, il y eut aussi du côté de l'armée française infériorité de la part du commandement.

Un officier allemand, du rang le plus élevé, a dit, en parlant de la journée du 6 août 1870 : « Nous avons été à deux doigts de perdre la

---

(1) Les charges héroïques exécutées par les 1er, 2e 3e et 4e cuirassiers de la division de Bonnemains ne purent arrêter la marche en avant de l'ennemi victorieux.

bataille, mais les Français ne le savaient pas et j'espère qu'ils ne le sauront jamais. »

* *

Telles sont les péripéties de la lutte, qui, du côté des Allemands, se déroulèrent sur le champ de bataille de Frœschwiller. Mais malgré la retraite des Bavarois, le désordre et les hésitations qui présidèrent aux mouvements de nos adversaires dès le début de l'engagement, nous sommes forcés de reconnaître qu'à partir de 1 heure, alors que l'attaque générale se dessina contre nos positions, la bataille fut méthodiquement conduite.

En effet, quand, après une série de succès et de revers, les Prussiens de Kirchbach réussirent malgré la défense héroïque des Français à se maintenir enfin au pied des collines entre Wœrth et Frœschwiller, et que les troupes du XIe corps purent se rendre maîtresses de Morsbronn et d'Albrechtshauserhof, les Allemands dirigèrent tous leurs efforts dans le but de refouler nos troupes au delà d'Eberbach et de s'établir solidement dans le Niederwald, afin de constituer en saillant le village d'Elsasshausen, second objectif donné au XIe corps.

Ce n'est qu'après la prise d'Elsasshausen, que le Ve corps devait se porter à l'attaque de front de Frœschwiller, qui devenait à son tour le saillant de la position française.

Il est à remarquer qu'entre les années 1866 et 1870 les Prussiens avaient changé leur tactique en ce qui concerne l'artillerie. Alors que pendant la campagne d'Autriche, l'artillerie de réserve, marchant en queue de colonnes, n'était portée en ligne que lorsque le combat était déjà entamé; pendant la guerre de 1870, au contraire, cette artillerie, constituée en artillerie de corps, était placée en tête des colonnes, de façon à être portée en ligne, dès le début d'un engagement. Presque toutes les batailles en effet préludèrent par la mise en batterie d'un très grand nombre de pièces.

C'est ainsi qu'à Frœschwiller, à la batterie établie sur la hauteur à l'Est de Wœrth viennent se joindre 6 nouvelles pièces, puis, lorsque l'attaque est prononcée, 14 batteries de l'artillerie du corps prennent position, en prolongeant la ligne sur une étendue de 1.800 mètres. A notre droite, 24 pièces du XIe corps se joignent à l'artillerie du général de Kirchbach et foudroient la division de Lartigue. C'est au total 120 pièces qui, au début de l'action, écrasent notre artillerie, car nous avons à peine 50 canons ou mitrailleuses pour répondre aux batteries prussiennes. Parmi ces dernières, celles de la colline de Gunstett nous firent plus de mal que tout le reste de l'artillerie allemande. C'est que de là, on enfilait et Eberbach, et Elsasshausen et Frœschwiller, nos principaux points d'appui sur le champ de bataille. Wœrth, qui n'avait pas été occupé par nous, se trouvait également sous le feu des batteries de Gunstett, ce qui l'aurait rendu intenable.

Les Allemands employèrent la même tactique à Rezonville où de nombreuses batteries, presque sans soutiens, préludèrent par un feu terrible à la sanglante journée du 16 août.

En résumé, la bataille de Frœschwiller a été

purement défensive, sauf quelques vigoureux retours offensifs qui furent généralement limités aux rives de la Sauerbach.

La question est de savoir si le maréchal de Mac-Mahon, prenant vigoureusement l'offensive au delà de la Sauerbach, contre le IIe corps bavarois au Nord et le Ve corps prussien à l'Est, avant l'arrivée en ligne de toute la IIIe armée, aurait pu réussir à les culbuter et à les rejeter sur les autres corps en formation de marche ou de rassemblement. Mais alors nous nous serions trouvés en présence du XIe corps, du Ier corps bavarois et du corps Werder (divisions badoise et wurtembergeoise) et de la 4e division de cavalerie, avec 119 pièces seulement à opposer à la formidable artillerie allemande composée de 350 canons d'une portée et d'une précision supérieures aux nôtres.

Le parti le plus sage eût été de ne pas accepter la lutte, d'effectuer une retraite méthodique quand le mouvement enveloppant commençait à se dessiner aux ailes, et d'aller occuper les défilés des Vosges où, avec le secours du 5e corps (de Failly) nous aurions pu nous opposer à la marche en avant de la IIIe armée allemande.

*
* *

Parmi tant d'épisodes qui marquèrent la fin de la bataille de Frœschwiller, il en est un que nous tenons à rapporter ici.

Le 36e de ligne, qui avait été engagé dès le matin dans le bois situé au Nord-Est de Frœschwiller, et dont l'effectif, en ce moment, était considérablement restreint, recevait maintenant l'ordre de se porter sur le plateau, contre l'ennemi qui en gravissait le versant opposé pour se lancer à l'assaut de Frœschwiller, notre dernier point d'appui. Le plateau était balayé par les 84 pièces du Ve corps et un feu à volonté d'infanterie des plus violents. Le régiment, sous les ordres du colonel Krien, exécutant un changement de direction à droite, se met à gravir la pente assez raide en cet endroit. Au moment où le régiment déployé aborde la crête, il est accueilli par un feu terrible. Les arbres brisés par les obus couvrent le sol et rendent la marche extrêmement pénible. A peine la charge à la baïonnette est-elle ordonnée que le sous-lieutenant Beaumelle tombe avec le drapeau, il est remplacé par le sous-lieutenant Lacombe ; le colonel Krien, le lieutenant-colonel Cloux sont blessés ; le commandant Croix, chef du 2e bataillon reçoit une balle dans le bas-ventre, le capitaine adjudant-major Terrin qui le remplace est également tué ; tout ceci se passe en moins de temps qu'il ne faut pour le raconter. Malgré cela, le régiment, se lançant tête baissée contre l'ennemi, le force à redescendre en désordre les pentes de la colline ; mais, arrivé dans la vallée, le 36e se trouve en présence de masses allemandes qui l'accueillent par un feu tel, qu'il est complètement désorganisé en un clin d'œil.

Le drapeau et sa garde étaient restés sur le plateau, et bientôt les officiers encore debout et les débris du régiment se rassemblèrent autour de l'emblème sacré, et l'entraînèrent dans la direction de Frœschwiller.

Après avoir tenu tête pendant toute la journée,

avec la 3ᵉ division d'infanterie, au Vᵉ corps prussien et à la 1ʳᵉ division du Iᵉʳ corps bavarois, le général Raoult, qui n'avait pas reçu l'ordre de battre en retraite, se tenait à pied (son cheval ayant été tué sous lui) à l'entrée de Frœschwiller, entouré des débris des différents corps de sa division. La droite de notre ligne de bataille s'était repliée depuis longtemps sous les efforts des cinq corps allemands qui convergeaient maintenant vers Frœschwiller et dont les ailes, se rabattant, enveloppaient le village tout entier. C'est là que le général Raoult fut mortellement atteint en encourageant ses troupes à une résistance devenue désespérée. L'héroïque exemple de notre général, aux cheveux blancs, qui personnifiait si bien le devoir, restera éternellement gravé dans nos souvenirs.

Les officiers et la troupe qui entouraient le drapeau du 36ᵉ s'engagèrent alors dans Frœschwiller embrasé; les flammes dévoraient même le clocher de l'église. Dans leurs efforts pour se frayer un passage, les débris du 36ᵉ (1) s'étaient heurtés aux colonnes prussiennes des Vᵉ corps et XIᵉ corps qui occupaient tous les débouchés du village par le Sud. Là se livra un combat acharné, chacun luttait avec l'énergie du désespoir, mais les rangs s'éclaircissaient sous le feu violent de l'ennemi. Dans l'impossibilité de sortir de cette fournaise, toutes les issues étant aux mains de l'ennemi, on

---

(1) Ce qui restait du régiment battit en retraite sur Saverne. Là, le 36ᵉ fut reconstitué, mais il manquait à l'appel 44 officiers et environ 1.000 à 1.100 hommes. De tout le 2ᵉ bataillon (celui du drapeau) il n'était revenu qu'une centaine d'hommes (dont ou forma provisoirement deux compagnies), et pas un seul officier.

enleva la flamme du drapeau qui fut mise en lieu sûr, mais, à ce moment même, voyant disparaître nos trois couleurs, les Prussiens poussant un hurrah frénétique, se précipitèrent dans le village où se livrèrent des combats corps à corps. Ce qui restait des défenseurs, la plupart blessés, fut alors entouré par des masses compactes d'ennemis qui rendirent toute lutte désormais impossible. Une sonnerie allemande se fit entendre et le feu cessa presque immédiatement. La hampe, à laquelle tenait encore malheureusement l'aigle du 36e, fut retirée par les Prussiens d'une maison incendiée dans laquelle on l'avait jetée. C'est à ce moment que fut tiré dans Frœschwiller le dernier coup de fusil. Il était environ 5 heures.

Autour de la petite colline du Galgenberg et du calvaire de Wœrth, la lutte s'était aussi prolongée avec acharnement entre les troupes du Ve corps prussien et celles de la division Raoult; des cadavres sans nombre entouraient le Christ, et l'on peut citer ici, ce qui a été dit au sujet du calvaire d'Illy sur le champ de bataille de Sedan que « la croix avait étendu vainement sur les haines des deux races ses bras de pitié » (1).

Si parmi les personnes qui liront ce récit, il s'en trouve qui aient perdu un des leurs parmi ceux qui succombèrent sur le champ d'honneur de Frœschwiller et qui, depuis vingt-huit ans, dorment leur dernier sommeil sur les côteaux verdoyants de notre chère Alsace, qu'elles s'inspirent des éloges si flatteurs que leur décerne un

---

(1) M. Lamy, la dernière armée de l'Empire. — *Revue des Deux Mondes*, 1-1895.

officier supérieur d'une armée étrangère, lorsqu'en parlant d'eux, il dit : « Cette poignée de héros combattit jusqu'à la limite extrême des forces humaines, quand, lions aux abois, ils ne cédèrent le terrain que pied à pied, profitant de toutes les occasions pour passer à l'offensive, et, se précipitant tête baissée sur leurs assaillants, les forcèrent à maintes reprises à redescendre en désordre les pentes des collines. Finalement, attaqués au Nord, au Sud et à l'Est par des forces trois fois supérieures en nombre, ils furent enfin forcés d'abandonner les hauteurs si longtemps et si noblement défendues. » Que la nouvelle génération de soldats se souvienne des actes de bravoure accomplis par leurs devanciers, et plus heureux qu'eux, puisse-t-elle, lors de la revanche future, ramener la victoire sous les plis du drapeau de notre chère Patrie. C'est le vœu ardent d'un ancien combattant de Frœschwiller.

Paris, 6 août 1898.

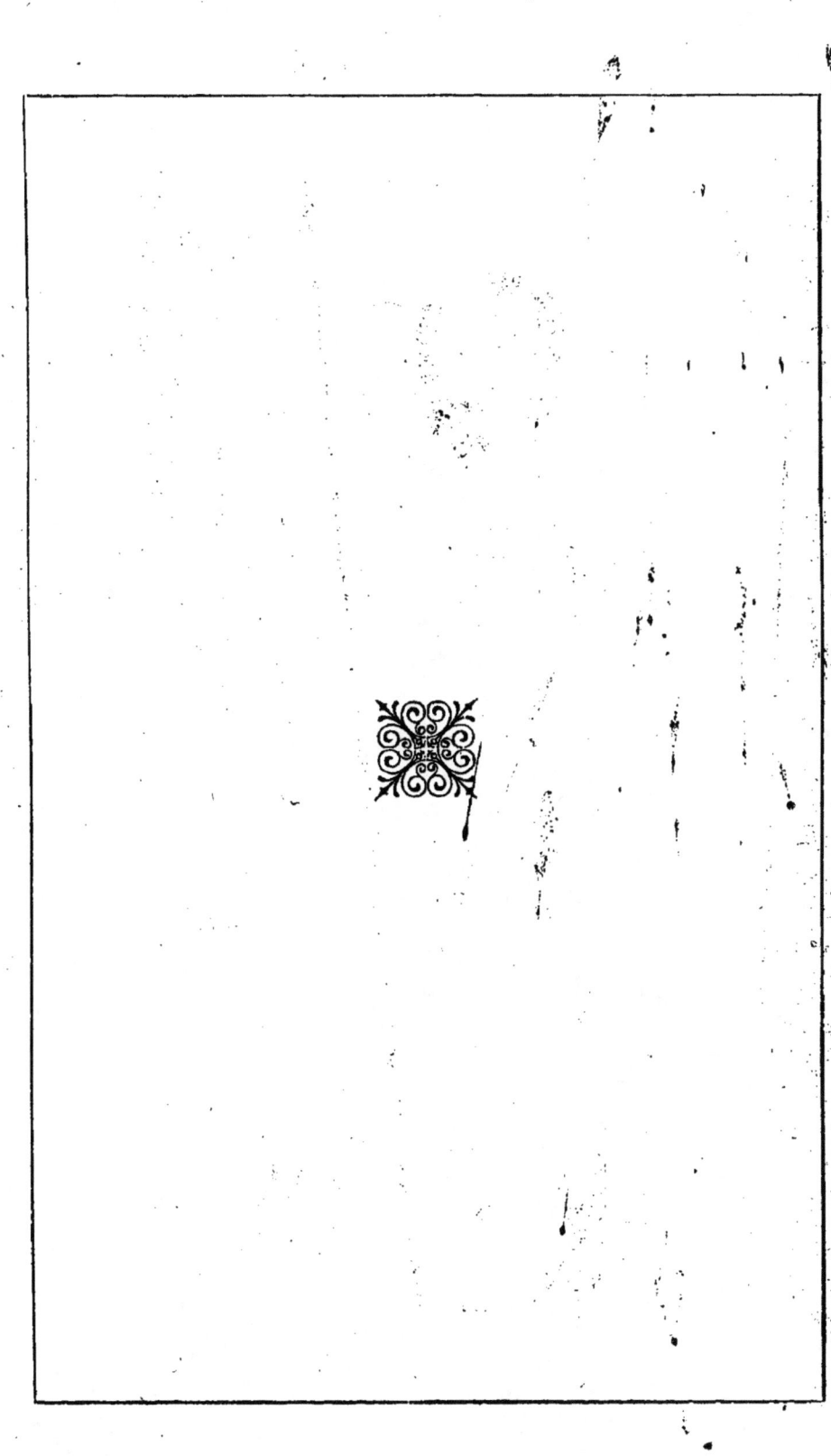

www.ingramcontent.com/pod-product-compliance
Lightning Source LLC
LaVergne TN
LVHW020053090426
835510LV00040B/1686